ÀLBUM DE FOTOS I RECORDS D´

BARCELOVER ®

Dissenyat a Barcelona

Tinc ...... any
¡Hola! Sóc
....

AQUESTA ÉS LA MEVA HISTÒRIA:

Jo visc en un castell al carrer ....

He nascut en .... el dia ....

La meva família està composta per

....

Aquesta és
la meva foto

I també està

Aquesta és la meva foto

quan estic jugant

Després d'un bon joc,
una bona migdiada

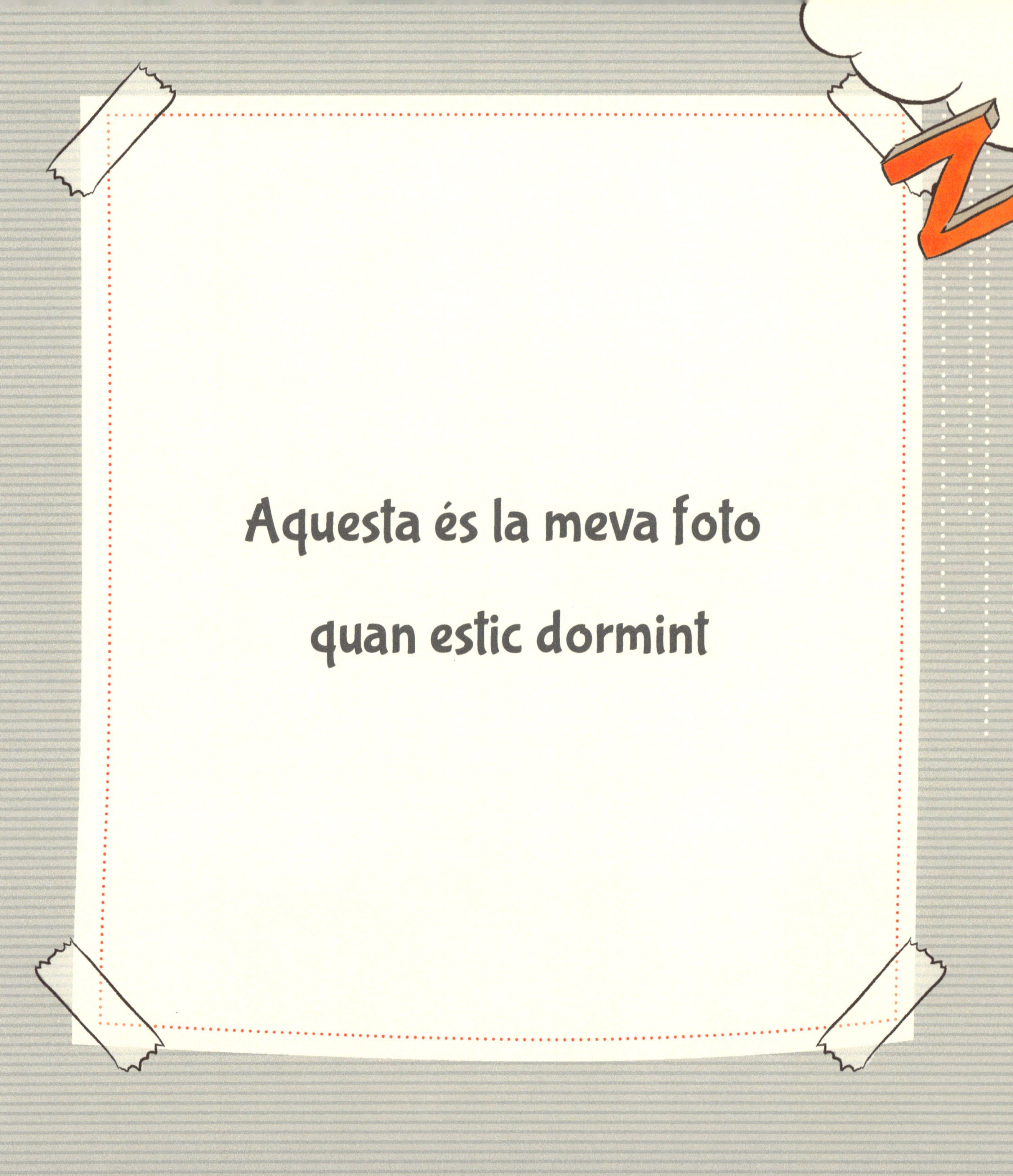
Aquesta és la meva foto

quan estic dormint

Em quedo adormit fàcilment quan

....

....

M'agrada
menjar
No m'agrada
menjar
Love

Aquesta és la meva foto

quan estic menjant

Els meus joguines
preferides són

L´hora de l´bany és

Raons per les quals sóc molt especial per a la meva família:

*

*

*

*

*

*

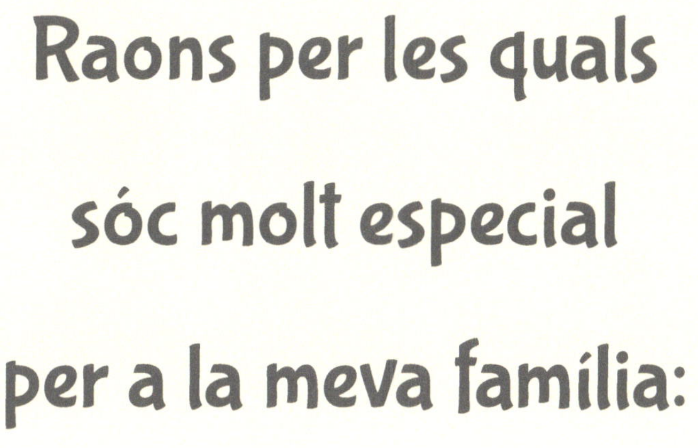

El meu
aniversari

Els meus
assoliments

Meus peus

Aquestes són les meves petjades

Em enuig molt quan

He crescut

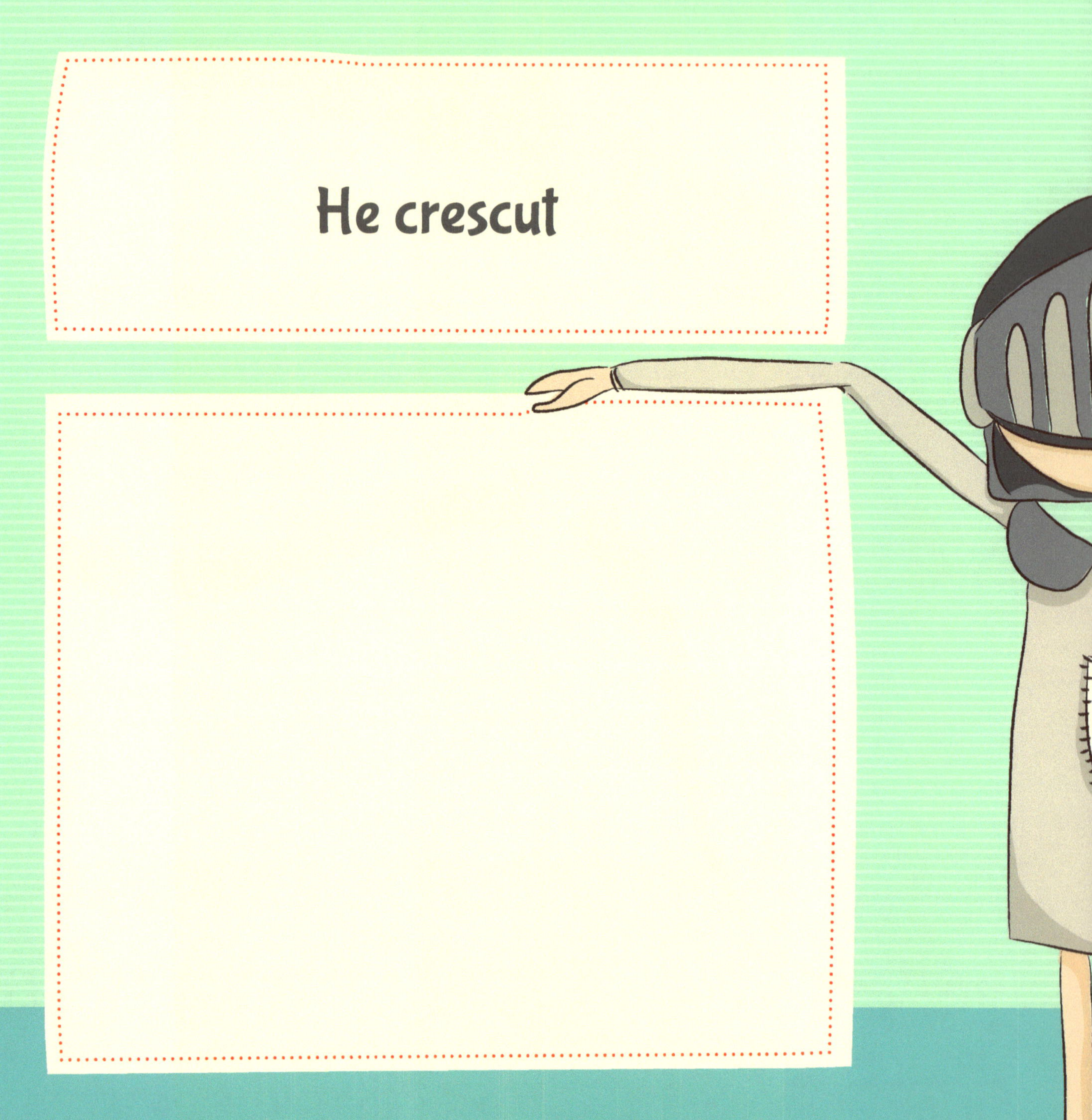

Tot això

El meu arbre
genealògic

Els meus talents són

Les meves històries i cançons favorites són

Un viatge fora de casa

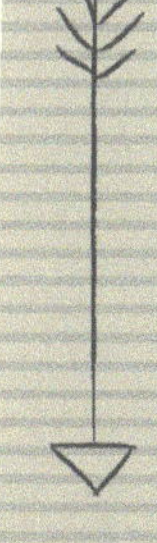

Unes boniques paraules de la meva

família que llegiré quan sigui gran

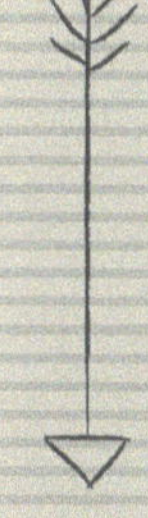

BARCELOVER ®

Dissenyat a Barcelona

* 9 7 9 8 6 2 1 7 9 8 6 9 7 *